I0605092

Tiburones nodriza

Grace Hansen

abdopublishing.com

Published by Abdo Kids, a division of ABDO, PO Box 398166, Minneapolis, Minnesota 55439.

Printed in the United States of America, North Mankato, Minnesota.

102016

012017

Spanish Translator: Maria Puchol

Photo Credits: Corbis, iStock, Seapics.com, Shutterstock, Thinkstock

Production Contributors: Teddy Borth, Jennie Forsberg, Grace Hansen

Design Contributors: Laura Mitchell, Dorothy Toth

Publisher's Cataloging-in-Publication Data

Names: Hansen, Grace, author.

Title: Tiburones nodriza / by Grace Hansen.

Other titles: Nurse sharks. Spanish

Description: Minneapolis, MN : Abdo Kids, 2017. | Series: Tiburones | Includes bibliographical references and index.

Identifiers: LCCN 2016947989 | ISBN 9781624027109 (lib. bdg.) | ISBN 9781624029349 (ebook)

Subjects: LCSH: Nurse shark--Juvenile literature. | Spanish language materials--Juvenile literature.

Classification: DDC 597.3--dc23

LC record available at http://lccn.loc.gov/2016947989

Contenido

Tiburones nodriza

Los tiburones nodriza sólo viven en el océano Atlántico y en el Pacífico. Les gustan las aguas cálidas y **poco profundas**. Se los ve normalmente cerca de los arrecifes de coral.

Los tiburones nodriza son muy grandes. Pueden llegar a medir hasta 10 pies (3m) de largo.

Estos tiburones son de color café y gris. Algunos tienen manchas oscuras.

Los tiburones nodriza
tienen una fuerte mandíbula.
Sus dientes son diminutos
y afilados.

Los tiburones nodriza tienen dos **barbas**. Son como bigotes. Los usan para localizar a sus **presas**.

barbas

Los tiburones nodriza

descansan durante el día.

Se los puede ver

amontonados en grupo.

Alimentación y caza

Cazan normalmente de noche. Estos tiburones nadan lentamente por el fondo del mar. Sus **barbas** ubican a la **presa**. Se lanzan sobre ella y la absorben entera con la boca.

Los tiburones nodriza comen muchos moluscos y crustáceos. Aunque su comida favorita son los calamares y los peces.

Crías de tiburón nodriza

Los tiburones recién nacidos se llaman crías. Estos tiburones dan a luz entre 20 y 30 crías cada vez. Las madres abandonan a las crías al nacer.

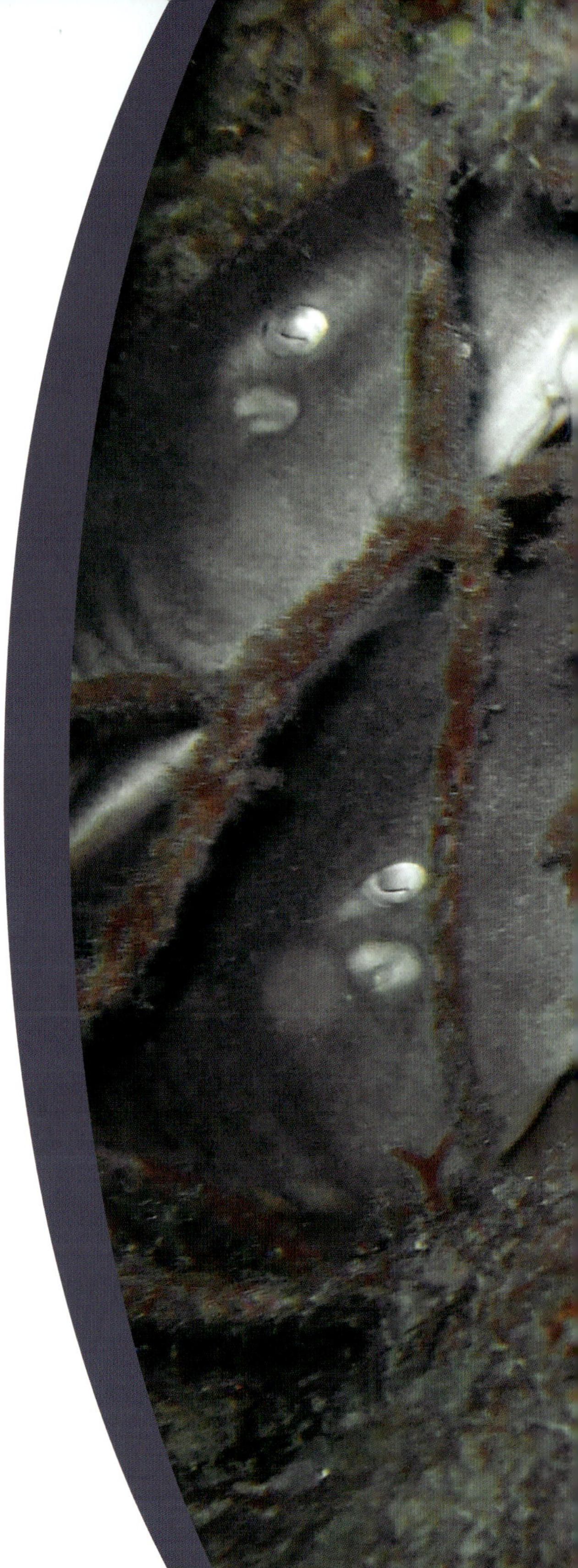

Más datos

- Por lo general las hembras adulto son más largas y pesadas que los machos.
- Los tiburones nodriza tienen crías cada dos años.
- Las crías miden de 11 a 12 pulgadas (de 28 a 30 cm) al nacer. Algunas llegan a medir hasta 10 pies (3m) de largo. La mayoría medirá alrededor de 7.5 pies (2.3 m) de largo.

Glosario

barbas – piel que crece del hocico de los tiburones y de otros peces, parecen bigotes. Les ayuda a localizar a sus presas.

poco profundo – que no es hondo.

presa – animal que ha sido cazado para comérselo.

Índice

abdokids.com

¡Usa este código para entrar en abdokids.com y tener acceso a juegos, arte, videos y mucho más!